AUX

AMIS DE LA VÉRITÉ.

AUX
AMIS DE LA VÉRITÉ.

PAR

PERCHERON, de Vouziers, (*Ardennes*)

—

Le socialisme est à la révolution de 1848
Ce que la république était à la révolution de 1830.
E. BABRAULT.

PRIX : **20** CENTIMES.

A VOUZIERS

Chez l'Auteur,
Et chez tous les libraires des départements de la
Meuse, de la Marne et des Ardennes.

1848.

AUX
AMIS DE LA VÉRITÉ.

Le Socialisme est à la Revolution de 1848
ce que la République était à la Révolution de 1830.

E. BARRAULT.

Ce n'est pas seulement à Paris que les réactionnaires font métier de dénoncer les Républicains.—
La province prend goût à cette noble besogne, et, pour peu que cela dure, les secrets des familles et de la vie intime n'auront plus rien de sacré.

Moi aussi, je viens d'être honoré d'une visite domiciliaire avec grand éclat : cinq gendarmes, le procureur de la République, le juge d'instruction et son greffier ! absolument comme aux beaux jours de la monarchie, puisque le magistrat du parquet, me renvoyant, deux jours après, des lettres qui avaient piqué sa curiosité et qu'il avait emportées pour les relire à son aise, les mit sous enveloppe avec cachet en cire portant cette empreinte : « *Procureur du roi près le tribunal civil de Vouziers. Charte de 1830.* »

En voyant ce cachet, que je conserve, je me fis ces questions : Est-ce économie? Est-ce espoir? — Je ne sais encore — le papier *brouillard* de l'enveloppe pourrait, peut-être, servir à expliquer la chose : un républicain doit savoir que ce n'est pas avec des *retenues* qu'on peut faire les frais d'enveloppes passées au Benjoin! —

Pourtant on mit des formes convenables dans la communication de la *Commission rogatoire* par laquelle *M. Ernest Bertrand*, juge chargé de l'instruction du procès contre mon ami Caussidière, prescrit

« à la recherche, chez moi, de lettres devant servir à prou-
ver la culpabilité de celui-ci. »

Il ne pouvait en être autrement : en six mois la
République n'a pu détruire tout ce qu'a fait la monarchie et remplacer par ses hommes, aux formes
abruptes, les disciples de l'inventeur de la complici-
té morale.

Mais l'insistance et les soins, d'ailleurs tout-à-
fait improductifs, mis dans l'accomplissement de
cette œuvre m'ont bientôt fait comprendre, ce
qu'au surplus la présence de *toute* la brigade de
gendarmerie me révélait assez : qu'on avait l'espoir
de fournir un accusé de plus au procès du 15 mai ;
et les questions qui m'ont été faites dans *deux* inter-
rogatoires ne m'ont pas laissé de doute sur ce point :
qu'à la *commission rogatoire se trouvait joint un man-
dat d'arrêt à exécuter contre moi éventuellement.*

De sorte que j'avais Vincennes et la cour d'assi-
ses en perspective ! . . . . . .

A qui donc et à quoi dois-je ces mesures de nature à affliger tout homme autrement trempé que moi?

Je veux bien que l'extrait d'une lettre écrite par moi à Caussidière le 14 mars au sujet des élections, extrait faisant partie des pièces de la procédure publiées par le *Siècle*, l'un des principaux organes de la Réaction, et reproduit *avec bonheur* par l'un des satellites de ce journal dans les Ardennes, *La Vérité*, je veux bien que cet extrait ait pu appeler sur moi l'attention des instructeurs du procès du 15 mai et leur donner à croire que mes rapports avec Caussidière avaient été poussés plus loin.

Mais ce n'est pas par cette pièce, du 14 mars, qu'on a pu apprendre « *que, DEPUIS, j'aurais reçu de Caussidière diverses lettres m'annonçant, à jours fixes, l'exécution de complots contre le gouvernement et contre l'Assemblée nationale.* »

Tel est pourtant le cercle dans lequel se renferment à peu près toutes les questions qui m'ont été

tes, à part celles touchant ma participation aux
nplots supposés.

Il faut donc qu'une sourde et lâche dénonciation
it partie d'ici ; je n'en veux pour preuve que l'au-
tion *mystérieuse* de témoins dont je ne sais et ne
eux pas savoir les noms, mais que la délation
'a pu prendre que parmi mes ennemis dont la lé-
ion, déjà si nombreuse avant février, s'est tant ac-
rue depuis, comme chacun sait.

Vains efforts pourtant ! Si elle veut m'abattre, la
éaction aura à forger d'autres armes !

Que pouvaient donc espérer les misérables qui
s'acharnent depuis si longtemps à me nuire ?

Oui, j'ai écrit et j'ai dit partout mes tristes pen-
sées sur les destinées plus tristes encore que réser-
vaient à la France des élections non affranchies des
mauvaises influences et non radicalement républi-
caines. Oui, je voulais que les nouveaux électeurs,

parias avant février, fussent éclairés, et c'était ce désir qui m'animait quand, le 14 mars, j'écrivais à Caussidière la lettre dont lui-même a fait l'extrait incriminé, pour qu'il fût pris des mesures générales par le ministre de l'intérieur de la Babel gouvernementale.

Était-ce là de la compression? Non.—Ce reproche, la réaction le mérite seule.—Je ne voulais que mettre les masses à l'abri du contact impur de comités n'ayant de républicain que le nom!

Manquais-je, en cela, au respect que tout bon républicain doit à la volonté de la majorité?—Non, encore.—Les électeurs eussent pu, alors, s'inspirer à des sources différentes.—Je ne voulais qu'éclairer, et, pour cela, je jetais le cri d'alarme sur les exhalaisons marécageuses et méphitiques qui nous ont envahis.

Ah! je l'avais bien compris et je le disais assez haut pour déplaire à la Réaction, pour qu'elle me vouât de suite une haine implacable : *le salut de la*

Révolution était dans les élections, dans la nature des éléments dont se composerait l'assemblée nationale constituante.

Mais n'exprimais-je pas, dès lors et par là même d'une façon suffisamment claire, l'idée que j'ai, du reste, produite plus d'une fois depuis, du respect que je crois dû par tous les citoyens aux décisions de la Constituante une fois formée?

Assurément oui ; et en présence de la lettre écrite récemment par moi à Caussidière et publiée par le *Propagateur des Ardennes*, il a fallu, pour envenimer ma pensée, toute la mauvaise foi dont la *Vérité* s'est faite l'écho par la plume d'un *jésuite* et sous les inspirations d'un homme, quatre fois sauteur de comité en comité, faux républicain aux appétits égoïstes, que, d'ici, je vois courir, la crinière au vent et en *Bourmont électoral*, livrer à ceux vers lesquels l'ont rappelé des intérêts matériels ou d'ambition, des secrets qui ne lui avaient été confiés que sous la foi de sentiments affichés avec fracas.

Pouvait-on davantage me faire un crime de la

communication que, depuis les élections, j'ai souvent faite de mes prévisions, de mes appréhensions?—Non,—Dieu merci, nous n'en sommes pas encore arrivés à voir punir la pensée et l'intuition; et que me font, à moi, les dires des sots et des méchants, travestissant en *désirs* ce qui, dans mon langage, n'a jamais été que la *crainte* de nouvelles catastrophes.

Sans cette occasion, je n'aurais pas répondu à *La Vérité*.—Je méprisais l'injure répa ndue sur moi avec profusion et dans un but que je la isse *aussi* à l'appréciation des *honnêtes gens*, que je prends ailleurs que dans le camp de *La Vérité*.

Que cette feuille et ses amis le sachent donc, puisque le cas se présente pour moi de le leur dire :

La réaction ne tirera désormais aucun avantage des mots : *République rouge* que, par tactique, elle a, jusqu'ici, fait jeter à la face des amis de la *République démocratique et sociale*, parce qu'il est parfaitement compris maintenant que l'idée de la *démocra-*

tie n'affecte que la *forme gouvernementale*, c'est-à-dire la participation de tous à la souveraineté *par le vote universel*, et qu'il *faut absolument* aller jusqu'au *socialisme*, c'est-à-dire jusqu'à l'application de ce qu'il y a de sage et de possible dans les théories de nos nouveaux penseurs, pour améliorer le sort des plus malheureux parmi les enfants de la mère commune.

Voilà le *Socialisme!*

Ce n'est point une *secte* comme le *fouriérisme*, comme le *communisme*, pour lesquels je ne me sens aucune sympathie et dont le but est la mise en pratique de *règles absolues*.

Le *socialisme* est, au contraire, essentiellement *éclectique* et *infini*, et, par cela qu'il choisit ce qu'il y a de bon dans les principes de chacun, il restera vrai, quoique disent et fassent les hommes de la réaction, *monarchistes* ou *républicains blancs*, que le *socialisme* n'engendrera jamais l'erreur ni l'abus, puisque ses essais et ses applications, toujours contrôlés par les appréciations de la majorité, demeurerent constamment soumis aux modifications jugées nécessaires. —

D'où il suit qu'on ne peut être sincèrement *républicain* sans être *socialiste*. — Jésus-Christ n'avait-il pas la fraternité pour but et pour moyen le socialisme ?

Bref, *République* est le *mot*, — *Socialisme* est la *chose*.

En dehors de là il n'y a que le statu quò monarchique et aristocratique.

Arrière donc, parce qu'elles renferment des réticences hypocrites et insultantes, ces qualifications de : *douce*, *honnête* et *sage*, qui sont, en apparence, des conditions d'acceptation de la république, mais qui, en réalité, ne servent qu'à déguiser des vœux pour la royauté ou le désir immodéré de la remplacer par la domination, déjà trop lourdement sentie, du *capital-monnaie* sur celui de *l'intellect*, sur *l'agriculture*, sur *l'industrie*, sur la *production en général*, en un mot sur tout ce qui n'est pas *argent*.

Non, nous ne sommes menacés de la *république rouge* que par les résistances égoïstes et maladroites de la *république blanche.*

La réaction ne sera guère mieux servie par l'*exploitation de la misère.*

Les moins clairvoyants savent aujourd'hui que les difficultés de notre *transition politique* sont dues aux déprédations de la monarchie et à la dépravation que sa corruption a fait subir à nos mœurs politiques.

Notre misère, peuvent dire tous ceux qui souffrent aux électeurs du dernier régime, nous vous la devons toute entière, à vous protecteurs des rois.— Elle est le résultat du trafic de vos consciences, et une preuve de plus de la criminalité de l'improbité politique! — Que le sang versé retombe donc sur vous qui avez créé le chaos !

Non, non, la plupart de ces hommes ne veulent pas de la République comme elle doit être fondée pour être durable. — Véritables *pipeurs politiques,* abrités par leur *république sage et honnête*, éblouis par le succès de leurs manœuvres électorales, confiants dans les védettes qu'ils ont pôsées sur toutes les voies, obéissant surtout à des instincts mauvais qui les empèchent de discerner les enseignements que comportent des collisions regrettables, *amenées* et *exploitées par eux*, ils s'appliquent à la répulsion de mesures qui feraient oublier leurs fautes en ressuscitant le bonheur de tous.

Ainsi :

Ils refusent l'instruction à l'enfant du pauvre en bornant, pour lui, la gratuité à l'*enseignement primaire*, sans tenir compte de succès à apprécier par un jury, afin de mettre l'enfant du riche à l'abri des conséquences de l'*égalité*, c'est-à-dire de la concurrence dans les concours, *encore problématiques*, pour l'obtention des emplois publics. — Ne les entendons-nous pas dire que l'instruction est déjà trop répandue?

Deux chambres leur plaisent bien mieux qu'une seule.—Cela nous rapprocherait tant de la monarchie, qu'avec un président à vie ou un équipollent le tour serait fait.

Ils ne se soucient pas plus des inconvénients du cumul des charges rétribuées, quand la vie est si nécessiteuse à un si grand nombre, qu'ils ne s'inquiètent de l'accaparement des fonctions honorifiques entretenant parmi nous des *fétiches*, objets d'adorations obligées.

Le projet de n'accorder les emplois qu'au concours leur fait jeter les hauts cris.—La crainte des mauvaises appréciations leur sert à déguiser leur amour du *favoritisme* et leur haine pour l'*égalité*.

Selon ces *honnêtes gens* les places n'appartiennent qu'à ceux qui n'en ont pas besoin.—Le mérite et la considération se déduisent de la fortune.—Fi! de la pauvreté et de ses haillons.

Ils traitent d'utopistes ceux qui conseillent l'élévation du capital foncier au rang du capital métallique par l'institution d'une banque hypothécaire et nationale, seul moyen de sauver larépublique et la France des griffes du *capital conspirateur!*

N'ont-ils pas, parmi eux, force marchands d'argent, espèce de voleurs patentés, dont les *bénéfices* se grossissent des sueurs de l'ouvrier par une sorte de despotisme sur l'industriel et sur l'agriculteur peu aisés? et pour auxiliaire la *gent notariale* dont les exigences incroyables et la protection pour l'usure sont la plaie principale de l'époque!

Ecoutez leurs cris: pas d'assignats!—Courbons la tête sous les théories du *laissez-faire*, du *laissez-aller*, comme s'il y avait là de quoi suppléer à l'insuffisance du capital métallique en circulation, comme si des crises fréquentes ne nous avaient pas suffisamment éclairés sur les dangers du trop de confiance dans le papier du commerce, comme si enfin les bons hypothécaires ne devaient pas offrir toutes les garanties désirables.

Taisons-nous, soyons sages, de par ces économistes, le niveau aura bientôt équilibré nos positions et nous aurons tout le temps d'aviser........

On les entend crier anathème à quiconque parle de l'abolition de la vénalité des charges (moyens de prompte fortune pour les faiseurs), comme si l'*égalité* ne commandait pas cette mesure et quand il serait si facile de trouver, *dans les intérêts d'un capital non déboursé par la banque foncière*, des ressources suffisantes pour éteindre, en peu d'années, les justes indemnités dues aux titulaires.

Des impôts sur les revenus ! des impôts sur les capitaux mobiliers ! communisme, communisme que tout cela ! Est-ce que tous les jours vos oreilles ne sont pas frappées par ces mots : Goudchaux, le ministre Goudchaux ! ne m'en parlez pas, c'est un Proudhon, c'est un Pierre Leroux !

N'ont-ils pas appelé à leur aide, par voie de pétitions, les marchands de chair humaine, voulant perpétuer chez nous la traite des blancs, et cela pour que l'impôt du sang pèse exclusivement sur le pauvre, pour que le riche seul soit affranchi des inconvénients d'un service plus ou moins long pendant lequel et par l'interruption dans ses études, s'évanouiront, pour le premier, toutes les chances d'accès à un emploi seul objet de ses vœux, et dans lequel il eût rendu des services au pays.

Ne leur parlez pas de la reprise par l'Etat de l'exploitation des chemins de fer et de diverses sortes d'assurances, vous exciteriez leurs hurlements.— Subissons plutôt, sans mot dire, les enlacements du capital, *ne fut-il que fictif*, peu importe.

Gardons-nous surtout de toucher à la justice et à son cortége, gens vivant de formalités la plupart si utiles.

Laissons ruiner les mineurs en frais *conservatoires-absorbans* de leur patrimoine.

Que le gouffre béant de l'expropriation s'alimente comme par le passé.

Et Thémis nous bénira.

O prêtres de la grande déesse ! le concours de vos doléances et vos cris retentissants à la vue du projet d'organisation judiciaire auront sauvé l'arche sainte, et le pays vous devra des actions de grâce.

Pourquoi pas, quand à Rome on portait en triomphe les oies du Capitole?

Hommes de la république douce, sage et honnête, encore une fois, non ! vous ne voulez pas de la république et, décidément, vos vœux sont pour la monarchie.

On est républicain ou on ne l'est pas. — Je vous l'ai prouvé, en disant ce que nous voulons et ce que vous ne voulez pas : SOCIALISME signifie : *Fraternité, Recherche, Sagesse, Amélioration, Application, Perfection.*

Le SOCIALISME est la pierre de touche du RÉPUBLICANISME.

Hors du SOCIALISME, en deçà comme au delà, il n'y a pas de républicains !

Où donc, dans ces théories, trouve-t-on quelque chose qui puisse justifier les atrocités auxquelles je réponds, quand j'ai toujours dit que, quoi qu'il advînt des travaux de l'Assemblée constituante, que je maintiens être l'émanation d'élections comprimées par la Réaction, nous devions tous respecter ses décisions ?—Nullepart.

Eh ! bien, pour neutraliser les efforts des réa
tionnaires et leur faire voir que l'intimidation
leur réussira pas mieux que la diffamation, voi
l'appel que je fais aux hommes de cœur :

Précisément parce qu'il est du sys-
tême républicain d'obéir à la volonté
des majorités ;

Précisément parce qu'il est du de-
voir de chacun de nous de n'engager
de luttes qu'au sein des comices élec-
toraux, que tous ceux qui, comme
moi, sont animés d'un ardent et saint
amour pour la République, telle
qu'elle doit être comprise, se prépa-
rent pour le prochain combat.—Nous
compterons avec nos adversaires sur
le terrain électoral.

Que partout, comme bientôt ici,
les clubs se réorganisent selon le dé-
cret !

Que partout, comme bientôt ici, les populations soient éclairées par un journal sagement et fermement rédigé !

Que partout enfin, des brochures périodiques aillent porter la vérité chez l'artisan et dans les campagnes !

Et le résultat de la lutte n'est pas douteux pour moi.

Septembre 1848.

PERCHERON.

Stenay.—Imprimerie de Renaudin.

www.ingramcontent.com/pod-product-compliance
Lightning Source LLC
LaVergne TN
LVHW050350030726
842520LV00005B/2035